The Dancing Bear And Other Bilingual Swedish-English Stories for Kids

Pomme Bilingual

Published by Pomme Bilingual, 2024.

While every precaution has been taken in the preparation of this book, the publisher assumes no responsibility for errors or omissions, or for damages resulting from the use of the information contained herein.

THE DANCING BEAR AND OTHER BILINGUAL SWEDISH-ENGLISH STORIES FOR KIDS

First edition. September 14, 2024.

Copyright © 2024 Pomme Bilingual.

ISBN: 979-8227505415

Written by Pomme Bilingual.

Table of Contents

Den busiga ekorren

I en stor, grön skog bodde det en liten ekorre vid namn Sören. Sören var inte bara liten och snabb, utan också väldigt busig. Han älskade att spela spratt på alla de andra djuren i skogen. Varje morgon vaknade han tidigt för att planera dagens bus.

En solig dag hade Sören en särskild plan. Han smög sig fram till en stor ek där en grupp ekorrar satt och åt nötter. Sören klättrade upp på ett grenar och knöt en lång lian till ett par av ekorrarnas svansar. När ekorrarna försökte röra sig, fastnade de och började snurra runt i en rolig dans.

"Åh, se på er!" ropade Sören och skrattade så han nästan ramlade ner från trädet. "Ni ser ut som snurrande toppar!"

Men precis när han skrattade som mest hörde han ett pipande ljud. Sören tittade ner och såg en liten fågel som flög omkring, tydligt förvirrad. Fågeln flög fram och tillbaka, letade efter något.

"Vad gör du här?" frågade Sören och flög ner till fågeln.

"Jag har tappat bort mig," svarade fågeln med en sorgsen röst. "Jag kan inte hitta tillbaka till mitt bo. Jag är så rädd att jag inte kommer hem till mina vänner."

Sören kände en ny känsla inom sig. Det var inte bara roligt att spela bus, det kunde också vara bra att vara snäll. "Jag ska hjälpa dig!" sa han bestämt.

Sören och fågeln började sin sökning. Sören använde sina snabba ben för att skutta framåt och fågeln flög ovanför. De letade överallt – bakom stora stenar, under buskar och i små grottor. Det var en lång och tröttsam jakt, men Sören var besluten att hjälpa sin nya vän.

På deras väg stötte de på många av skogens invånare. Sören berättade för dem om fågelns problem och bad om hjälp. Tillsammans letade de efter fågelns hem. De fråga råd från ugglan som satt högt uppe i ett träd, och till och med den kloka gamla sköldpaddan bidrog med sina insikter.

Efter många timmar, när solen började gå ner och skogen blev mörk, kände Sören att de nästan var ute av hopp. Men plötsligt hörde fågeln ett bekant kvitter. "Det är mina vänner!" ropade fågeln och flög mot ljudet.

De följde fågelns kvitter tills de kom till en vacker, blommig glänta där fågelns familj väntade. Fågelns föräldrar var överlyckliga att se sitt barn igen och tackade Sören för hans vänlighet.

"Vi kunde inte ha gjort det utan dig," sade fågelns mamma. "Tack så mycket för att du hjälpte vår lilla vän."

Sören kände sig så glad och stolt. Han insåg att det kändes ännu bättre att vara hjälpsam och vänlig än att bara spela spratt. Han sa farväl till fågeln och hans familj och började sin väg hem.

När Sören kom tillbaka till sin del av skogen, var det mörkt och de andra djuren hade gått till sängs. Sören gick till sitt lilla bo och tänkte på dagens äventyr. Han kände sig trött men också nöjd. Han hade lärt sig en viktig läxa om vänlighet och teamwork.

Nästa dag, när Sören vaknade, bestämde han sig för att göra något snällt för alla djuren i skogen. Han började med att hjälpa till att samla nötter till ekorrarna och även hjälpte en sköldpadda att hitta en ny plats att vila. Sören var fortfarande busig ibland, men nu använde han sin energi för att göra goda gärningar och sprida glädje.

Och varje gång någon behövde hjälp i skogen, var Sören där med ett leende och en villighet att hjälpa till. Han hade blivit den mest omtyckta och hjälpsamma ekorren i hela skogen.

Och så, medan solen gick ner över den gröna skogen, visste alla att Sören den busiga ekorren inte bara var busig, utan också en sann vän.

The Mischievous Squirrel

In a large, green forest lived a small squirrel named Sören.
Sören was not only small and fast but also very mischievous.
He loved playing tricks on all the other animals in the forest.
Every morning, he woke up early to plan the day's prank.

One sunny day, Sören had a special plan. He sneaked up to a big
oak where a group of squirrels were eating nuts. Sören climbed
up a branch and tied a long vine to a couple of the squirrels' tails.
When the squirrels tried to move, they got tangled and started
spinning around in a funny dance.

"Oh, look at you!" Sören exclaimed, laughing so hard he almost
fell from the tree. "You look like spinning tops!"

But just as he was laughing the most, he heard a chirping sound.
Sören looked down and saw a little bird flying around, clearly
confused. The bird flew back and forth, searching for something.

"What are you doing here?" Sören asked and flew down to the
bird.

"I'm lost," the bird replied with a sad voice. "I can't find my way
back to my nest. I'm so scared I won't get home to my friends."

Sören felt a new feeling inside him. It wasn't just fun to play
tricks; it could also be nice to be kind. "I'll help you!" he said
determinedly.

Sören and the bird started their search. Sören used his fast legs to hop forward and the bird flew overhead. They searched everywhere – behind big rocks, under bushes, and in small caves. It was a long and tiring quest, but Sören was determined to help his new friend.

On their way, they encountered many of the forest's inhabitants. Sören told them about the bird's problem and asked for help. Together, they looked for the bird's home. They sought advice from the owl who sat high up in a tree, and even the wise old turtle contributed with his insights.

After many hours, as the sun began to set and the forest grew dark, Sören felt they were almost out of hope. But suddenly, the bird heard a familiar chirping. "It's my friends!" the bird exclaimed and flew towards the sound.

They followed the bird's chirping until they reached a beautiful, flowery clearing where the bird's family was waiting. The bird's parents were overjoyed to see their child again and thanked Sören for his kindness.

"We couldn't have done it without you," said the bird's mother. "Thank you so much for helping our little friend."

Sören felt so happy and proud. He realized that it felt even better to be helpful and kind than just to play tricks. He said goodbye to the bird and his family and started his way home.

When Sören returned to his part of the forest, it was dark, and the other animals had gone to bed. Sören went to his little nest and thought about the day's adventure. He felt tired but also satisfied. He had learned an important lesson about kindness and teamwork.

The next day, when Sören woke up, he decided to do something nice for all the animals in the forest. He started by helping gather nuts for the squirrels and even helped a turtle find a new place to rest. Sören was still mischievous sometimes, but now he used his energy to do good deeds and spread joy.

And every time someone needed help in the forest, Sören was there with a smile and a willingness to assist. He had become the most beloved and helpful squirrel in the entire forest.

And so, as the sun set over the green forest, everyone knew that Sören the mischievous squirrel was not just mischievous but also a true friend.

Den modiga lilla draken

I en färgglad dal, omgiven av höga berg och djupa skogar, bodde en liten drake vid namn Drago. Drago var en liten, grön drake med stora, vänliga ögon och en glänsande guldfärg på sina fjäll. Trots sin söta och vänliga natur var Drago rädd för att flyga. Han hade aldrig flugit högt, och tanken på att svepa genom molnen fyllde honom med skräck.

Varje dag satt Drago vid dalens kant och såg på de andra drakarna som flög majestätiskt över himlen. De verkade så glada och fria, och Drago önskade att han också kunde vara så modig. Men han kände sig alltid för skrämd för att lyfta från marken.

En dag, medan Drago satt och drömde om att flyga, började mörka moln samlas över dalen. Det började blåsa kraftigt och det blev mörkt på himlen. Snart började en enorm storm dra in över dalen. Vinden piskade och regnet öste ner. Drago såg på de andra drakarna som försökte samla sig och söka skydd.

Plötsligt hörde han ett bekymrat rop. Det var hans vänner – en grupp små djur som bodde nära dalens kant. De var alla förvirrade och rädda. Drago visste att de behövde hjälp, men han kände sig fortfarande osäker på sig själv.

Drago tänkte på sina vänner och deras behov. Trots sin rädsla bestämde han sig för att göra något. Han visste att han måste övervinna sin rädsla för att kunna hjälpa dem. Med ett djupt andetag och ett hjärta som bultade av nervositet, började Drago att röra på sina små vingar.

Han flög försiktigt uppåt mot stormen. Vinden var stark och regnet stänkte på honom, men Drago kämpade vidare. Han flög över dalen och letade efter sina vänner. Han såg dem snart under ett stort träd, där de försökte hålla sig torra men var rädda och kalla.

Drago landade bredvid dem och försökte dämpa sin egen rädsla. "Jag är här för att hjälpa er," sa han med en tröstande röst. "Vi måste hitta ett säkrare ställe."

Medan stormen rasade omkring dem, ledde Drago sina vänner genom den regniga och blåsiga dalen. Han använde sina små vingar för att skydda dem från den kalla vinden och regnet. Det var svårt att flyga med stormen som raserade runt honom, men Drago var besluten att hjälpa sina vänner.

De kämpade sig fram genom stormen och kom till en grotta som var skyddad från vinden. Inuti grottan var det torrt och varmt, och djuren kände sig genast säkrare. Drago släppte ner sin egen rädsla och kände sig stolt över att ha hjälpt sina vänner. Han visste nu att han hade modet att stå upp mot sina egna rädslor.

När stormen började avta och regnet avtog, samlades de små djuren runt Drago och tackade honom för hans mod. "Vi skulle inte ha klarat det utan dig," sade en av dem. "Tack för att du var så modig och hjälpsam."

Drago kände sig varm inombords. Han hade aldrig känt sig så stolt och nöjd tidigare. Han insåg att även om han hade varit rädd för att flyga, hade hans vilja att hjälpa sina vänner gett honom det mod han behövde. Han hade lärt sig att tro på sig själv och att mod inte alltid handlar om att vara den största eller starkaste, utan om att våga trots sina rädslor.

När stormen hade lagt sig och månen började lysa över dalen, flög Drago upp mot himlen igen. Denna gång kände han sig inte längre rädd för att flyga. Han flög genom de mjuka molnen och kände en ny känsla av frihet och styrka. Han visste att han nu kunde övervinna sina rädslor och att han hade blivit den modigaste lilla draken i dalen.

Drago återvände till sina vänner som nu var glada och trygga. Han flög ner till dem och berättade om sin flygtur genom de mjuka molnen. De lyssnade fascinerat och tackade honom igen för hans hjältemod.

Från den dagen blev Drago känd som den modiga lilla draken. Han fortsatte att hjälpa sina vänner och sprida mod och vänskap i hela dalen. Och varje gång han flög högt ovanför dalen, mindes han den stora stormen som hade hjälpt honom att upptäcka sitt eget mod.

The Brave Little Dragon

In a colorful valley surrounded by tall mountains and deep forests, lived a small dragon named Drago. Drago was a tiny, green dragon with big, friendly eyes and a shiny golden hue on his scales. Despite his sweet and friendly nature, Drago was afraid of flying. He had never flown high, and the thought of swooping through the clouds filled him with dread.

Every day, Drago sat at the edge of the valley and watched the other dragons soaring majestically across the sky. They seemed so happy and free, and Drago wished he could be that brave too. But he always felt too scared to lift off the ground.

One day, while Drago sat dreaming about flying, dark clouds began to gather over the valley. A strong wind started to blow and it became dark in the sky. Soon, a huge storm rolled in over the valley. The wind howled and the rain poured down. Drago watched as the other dragons tried to gather themselves and find shelter.

Suddenly, he heard a worried cry. It was his friends—a group of small animals living near the edge of the valley. They were all confused and scared. Drago knew they needed help, but he still felt unsure of himself.

Drago thought about his friends and their needs. Despite his fear, he decided he had to do something. He knew he had to overcome his fear to be able to help them. Taking a deep breath and with a heart pounding with nervousness, Drago began to move his little wings.

He flew cautiously upwards towards the storm. The wind was strong and the rain was drenching him, but Drago pushed on. He flew over the valley, searching for his friends. He soon spotted them under a large tree, trying to keep dry but scared and cold.

Drago landed beside them and tried to calm his own fear. "I'm here to help you," he said with a comforting voice. "We need to find a safer place."

As the storm raged around them, Drago led his friends through the rainy and windy valley. He used his small wings to shield them from the cold wind and rain. It was hard to fly with the storm raging around him, but Drago was determined to help his friends.

They made their way through the storm and reached a cave that was sheltered from the wind. Inside the cave, it was dry and warm, and the animals immediately felt safer. Drago set aside his own fear and felt proud for having helped his friends. He now knew that he had the courage to face his own fears.

As the storm began to subside and the rain eased, the small animals gathered around Drago and thanked him for his bravery. "We wouldn't have made it without you," said one of them. "Thank you for being so brave and helpful."

Drago felt a warm glow inside. He had never felt so proud and satisfied before. He realized that even though he had been scared to fly, his desire to help his friends had given him the courage he needed. He had learned that bravery isn't always about being the biggest or strongest, but about daring to act despite your fears.

As the storm cleared and the moon began to shine over the valley, Drago flew up into the sky again. This time, he no longer felt afraid to fly. He soared through the soft clouds and felt a new sense of freedom and strength. He knew now that he could overcome his fears and that he had become the bravest little dragon in the valley.

Drago returned to his friends who were now happy and safe. He flew down to them and told them about his flight through the soft clouds. They listened fascinated and thanked him again for his heroism.

From that day on, Drago became known as the brave little dragon. He continued to help his friends and spread courage and friendship throughout the valley. And every time he flew high above the valley, he remembered the great storm that had helped him discover his own bravery.

Den hemliga trädgården

Lilla Ella var på besök hos sin mormor under sommarlovet. Hon älskade att vara där, för mormor bodde i ett gammalt hus med en stor, grönskande trädgård. Varje gång Ella var där, brukade hon leka i den stora trädgården, gräva i jorden och plocka blommor. Men det fanns ett hörn av trädgården som hon aldrig hade utforskat – det var en gammal, rostig dörr som var täckt med murgröna och nästan gömd bland de tjocka buskarna.

En solig eftermiddag, medan Ella gick omkring i trädgården och letade efter fjärilar, snubblade hon över den gamla dörren. Nyfiken började hon dra bort murgrönan och gräva runt dörrens kanter. Till slut lyckades hon få upp dörren, som gnisslade högt när den öppnades. Bakom den gömde sig en liten gång som ledde in i en djupt grönskande trädgård.

Ella klev försiktigt in genom dörren och blev överväldigad av vad hon såg. Trädgården var som en dröm: blommor i alla regnbågens färger, träd med gnistrande löv och en liten sjö som glittrade som stjärnor i solen. Men det var inte bara växterna som var magiska. Ella såg små, glittrande varelser som flög omkring bland blommorna. De var små och lysande, med vingar som skimrade i olika färger.

Ella gick framåt och såg en av de magiska varelserna närma sig henne. Det var en liten, guldfärgad varelse med vingar som såg ut som regnbågar. Varelsen flög runt Ellas huvud och sa:

"Välkommen till vår hemliga trädgård! Jag heter Luma och vi är glada att du har hittat hit."

Ella blev förvånad men glad. "Vad är det här för plats?" frågade hon.

Luma svävade ner och svarade: "Det här är den hemliga trädgården, en plats som är full av magi och vänskap. Vi här är de magiska väsen som bor här och vi älskar att lära barn om naturen och om att ta hand om varandra."

Ella följde Luma genom trädgården och lärde sig om de olika växterna och djuren som bodde där. Luma visade Ella de mest fantastiska blommorna som hade förmågan att lysa i mörkret och träd som kunde viska hemligheter när vinden blåste genom dem. Ella lärde sig att varje växt hade en egen berättelse och betydelse, och att trädgården var en plats där magi och natur levde i harmoni.

En dag när Ella var vid sjön, såg hon en grupp små, vänliga vattenandar som lekte och plaskade i vattnet. En av dem, som hette Ripple, simmade fram till Ella och sa: "Vi är glada att du är här. Vi har en speciell uppgift för dig."

Ella blev nyfiken. "Vad är uppgiften?" frågade hon.

Ripple svarade: "Vår trädgård är mycket speciell, men vi behöver hjälp med att ta hand om den. Om du lovar att hjälpa oss, kommer vi att lära dig hur du kan hålla den magiska och levande."

Ella gick med på att hjälpa till och blev snabbt en del av trädgårdens liv. Hon vattnade blommorna, plockade bort ogräs och hjälpte till att hålla sjön ren. I gengäld lärde sig Ella mycket om växternas och djurens liv och hur viktigt det var att ta hand om naturen. Hon upptäckte att varje liten handling av omsorg och vänlighet bidrog till trädgårdens magi.

En dag, när Ella och Luma gick genom trädgården, märkte de att vissa blommor började vissna och att sjön inte längre glittrade lika vackert. Luma såg orolig ut och sa: "Det verkar som om trädgården är i fara. Något måste ha stört balansen här."

Ella blev bekymrad och frågade: "Vad kan vi göra för att hjälpa?"

Luma svarade: "Vi måste ta reda på vad som har hänt och rätta till det. Vi behöver ditt mod och din vänlighet för att lösa problemet."

Ella och Luma började undersöka trädgården och snart upptäckte de att det fanns skräp och förorenande material som hade kommit in i sjön och bland blommorna. Det var tydligt att någon hade slängt skräp utan att tänka på konsekvenserna.

Ella visste att de behövde göra något åt det, så hon och de magiska varelserna arbetade tillsammans för att rensa bort skräpet och rengöra sjön. Det var hårt arbete, men Ella gav inte upp. Hon visste att trädgården var viktig för både henne och de magiska varelserna.

När de hade städat upp och återställt trädgården till sin tidigare skönhet, såg Ella hur blommorna började blomma igen och sjön började glänsa som förut. Luma och de andra varelserna var glada och tackade Ella för hennes hjälp.

"Du har gjort en fantastisk insats," sa Luma. "Du har visat att du verkligen bryr dig om vår trädgård och om att ta hand om naturen."

Ella kände sig stolt och glad. Hon hade lärt sig att även små handlingar av vänlighet och omsorg kan ha stor betydelse. Hon visste nu att hon hade en viktig roll att spela i att bevara magin och skönheten i trädgården.

När Ella gick tillbaka genom den gamla dörren och stängde den bakom sig, kände hon sig lycklig och upplyft. Hon visste att hon hade blivit en del av något magiskt och att hon hade lärt sig viktiga lektioner som hon skulle ta med sig hem. Och så, när Ella åkte hem till sitt vanliga liv, bar hon med sig minnena av den hemliga trädgården och den magi och vänskap som hon hade upptäckt där.

The Secret Garden

Little Ella was visiting her grandmother for the summer vacation. She loved being there, as her grandmother lived in an old house with a large, lush garden. Every time Ella was there, she would play in the big garden, dig in the soil, and pick flowers. But there was one corner of the garden she had never explored – it was an old, rusty door covered with ivy and almost hidden among the thick bushes.

One sunny afternoon, while Ella was wandering around the garden looking for butterflies, she stumbled upon the old door. Curious, she began to pull away the ivy and dig around the edges of the door. Eventually, she managed to open the door, which creaked loudly as it swung open. Behind it was a small path that led into a deeply green garden.

Ella stepped cautiously through the door and was overwhelmed by what she saw. The garden was like a dream: flowers in every color of the rainbow, trees with shimmering leaves, and a small pond that sparkled like stars in the sun. But it wasn't just the plants that were magical. Ella saw tiny, glittering creatures flying among the flowers. They were small and luminous, with wings that shimmered in various colors.

Ella walked forward and saw one of the magical creatures approaching her. It was a tiny, golden creature with wings that looked like rainbows. The creature fluttered around Ella's head and said, "Welcome to our secret garden! My name is Luma, and we're glad you found us."

Ella was surprised but happy. "What is this place?" she asked.

Luma floated down and replied, "This is the secret garden, a place full of magic and friendship. We are the magical beings who live here, and we love to teach children about nature and taking care of each other."

Ella followed Luma through the garden and learned about the different plants and animals that lived there. Luma showed Ella the most amazing flowers that had the ability to glow in the dark and trees that could whisper secrets when the wind blew through them. Ella learned that each plant had its own story and meaning, and that the garden was a place where magic and nature lived in harmony.

One day, when Ella was by the pond, she saw a group of small, friendly water sprites playing and splashing in the water. One of them, named Ripple, swam up to Ella and said, "We're glad you're here. We have a special task for you."

Ella was curious. "What is the task?" she asked.

Ripple replied, "Our garden is very special, but we need help taking care of it. If you promise to help us, we will teach you how to keep it magical and alive."

Ella agreed to help and quickly became a part of the garden's life. She watered the flowers, pulled out weeds, and helped keep the pond clean. In return, Ella learned a lot about the life of plants and animals and how important it was to care for nature. She discovered that every small act of care and kindness contributed to the garden's magic.

One day, as Ella and Luma walked through the garden, they noticed that some flowers were starting to wilt and the pond no longer sparkled as beautifully. Luma looked worried and said, "It seems that the garden is in trouble. Something must have disturbed the balance here."

Ella was concerned and asked, "What can we do to help?"

Luma replied, "We need to find out what has happened and fix it. We need your courage and kindness to solve the problem."

Ella and Luma began to investigate the garden and soon discovered that there was trash and pollution that had gotten into the pond and among the flowers. It was clear that someone had thrown trash without thinking about the consequences.

Ella knew they needed to do something about it, so she and the magical beings worked together to clean up the trash and restore the pond. It was hard work, but Ella didn't give up. She knew the garden was important to both her and the magical creatures.

When they had cleaned up and restored the garden to its former beauty, Ella saw how the flowers began to bloom again and the pond started to shine like before. Luma and the other creatures were happy and thanked Ella for her help.

"You've done a fantastic job," said Luma. "You've shown that you truly care about our garden and about taking care of nature."

Ella felt proud and happy. She had learned that even small acts of kindness and care could make a big difference. She now knew that she had an important role to play in preserving the magic and beauty of the garden.

As Ella walked back through the old door and closed it behind her, she felt happy and uplifted. She knew she had become a part of something magical and had learned important lessons that she would take home. And so, when Ella returned to her normal life, she carried with her the memories of the secret garden and the magic and friendship she had discovered there.

Piratens skatt

I den lilla byn vid havet bodde en grupp vänner som älskade äventyr. De hette Emma, Leo, Sara och Max, och de tillbringade varje sommar tillsammans med att utforska stranden och bygga fantasivärldar i sanden. En dag, när de grävde i en gammal sanddyn, gjorde de en fantastisk upptäckte – en gammal, dammig flaska med en rulle av pergament inuti.

Emma, som var den mest nyfikna av alla, drog försiktigt ut rullen och rullade ut den. På papperet fanns en gammal karta med tecken, pilar och en stor X markerad på en plats som verkade ligga långt ute till havs. "Det här ser ut som en gammal piratkarta!" utropade Emma.

Leo, som alltid drömde om att vara en äventyrlig pirat, blev överlycklig. "Tänk om det här är en riktig skattkarta! Vi måste följa den och hitta skatten!"

De fyra vännerna var överens om att de var tvungna att ge sig ut på skattjakt. De packade sina ryggsäckar med allt de kunde tänkas behöva – en kompass, en ficklampa, några snacks och mycket vatten. De tog också med sig en gammal sjökarta som de hade hittat på ett antikvariat för några veckor sedan, för att se om den kunde hjälpa dem att navigera.

Tidigt nästa morgon, när solen just började stiga över horisonten, gav de sig iväg till den plats där kartan visade att skatten skulle finnas. De följde kartans ledtrådar, som ledde dem genom mörka skogar, över floder och uppför branta kullar. Under resans gång stötte de på olika utmaningar.

Den första utmaningen var att ta sig över en bred flod. Det fanns ingen bro, så de behövde hitta ett sätt att korsa vattnet. Efter att ha letat omkring upptäckte Leo en gammal, halvt förstörd träbro som låg gömd bland buskarna. Tillsammans hjälptes de åt att reparera bron så att de kunde ta sig över floden.

Den andra utmaningen var att klättra upp för en brant klippa. Max, som var den starkaste av dem alla, ledde vägen medan Emma och Sara hjälpte till att dra upp Leo, som hade svårt för höjder. Det var svårt och ansträngande, men tillsammans lyckades de nå toppen och andas ut av lättnad när de såg att den andra sidan av klippan var ett öppet fält.

När de nådde det öppna fältet såg de en gammal, övervuxen byggnad på kartan markerad med ett stort X. Det var en gammal fyr som verkade ha stått där i hundratals år. Med hjärtat som bultade av förväntan gick de in i fyren och började leta efter skatten.

Inuti fyren fann de en spiraltrappa som ledde upp till ett rum högst upp i tornet. Där fann de en stor, gammal kista som var täckt av spindelväv och damm. Leo, med spänning i rösten, sa: "Det här måste vara skatten! Öppna den!"

De drog i kistans lås och öppnade den försiktigt. Till deras förvåning var kistan fylld med gamla mynt, smycken och guldbars – men det fanns också något annat där som de inte hade förväntat sig: en stor, gammal bok med en läderinbindning. Emma tog försiktigt upp boken och bläddrade igenom sidorna.

Boken var full av berättelser om pirater, kartor och skatter, men den viktigaste delen var en handskriven notis i slutet av boken.

Sara läste notisen högt: "Kära fyndare av denna skatt, jag hoppas att du har haft en äventyrlig resa. Kom ihåg att den största skatten inte är den du hittar i en kista, utan den vänskap och samarbete som du bygger med dina vänner under resans gång. Dela skatten med dem du älskar och kom ihåg att alltid vara snäll mot varandra. – Kapten Eriksson"

Vännerna blev rörda av meddelandet. De insåg att skatten inte bara var de gamla mynten och smyckena, utan även de minnen och erfarenheter de hade fått genom att arbeta tillsammans och övervinna utmaningar. Istället för att ta allt för sig själva, beslutade de att dela skatten med byns barn och ge dem möjlighet att uppleva den glädje de hade känt under sin skattjakt.

När de återvände till byn, organiserade de en fest och bjöd in alla. De berättade om sina äventyr och delade ut de gamla mynten och smyckena som souvenirer. Byns barn blev glada över att få vara en del av äventyret och lärde sig också om vikten av att arbeta tillsammans och dela med sig.

Efter festen satt de fyra vännerna tillsammans och reflekterade över sitt äventyr. "Det var verkligen en fantastisk resa," sa Max. "Jag är så glad att vi gjorde det här tillsammans."

"Ja," instämde Emma. "Och jag är glad att vi har lärt oss så mycket om vänskap och samarbete. Det är något som vi alltid kommer att minnas."

Och så, medan solnedgången färgade himlen i orange och rosa, visste Emma, Leo, Sara och Max att de hade gjort något speciellt. Deras skattjakt hade inte bara gett dem gamla skatter, utan också lärt dem en värdefull lektion om vad som verkligen betyder något i livet.

The Pirate's Treasure

In the small seaside village lived a group of friends who loved adventure. Their names were Emma, Leo, Sara, and Max, and they spent every summer together exploring the beach and building fantasy worlds in the sand. One day, while they were digging in an old sand dune, they made an amazing discovery – an old, dusty bottle with a scroll of parchment inside.

Emma, who was the most curious of them all, carefully pulled out the scroll and unrolled it. On the paper was an old map with symbols, arrows, and a large X marking a spot that seemed to be far out at sea. "This looks like an old pirate map!" exclaimed Emma.

Leo, who always dreamed of being an adventurous pirate, was thrilled. "Imagine if this is a real treasure map! We have to follow it and find the treasure!"

The four friends agreed that they had to go on a treasure hunt. They packed their backpacks with everything they might need – a compass, a flashlight, some snacks, and plenty of water. They also took an old sea chart they had found at an antique store a few weeks earlier to see if it could help them navigate.

Early the next morning, as the sun began to rise over the horizon, they set off for the place marked on the map. They followed the map's clues, which led them through dark forests, across rivers, and up steep hills. Along the way, they encountered various challenges.

The first challenge was crossing a wide river. There was no bridge, so they needed to find a way to get across the water. After searching around, Leo discovered an old, partially destroyed wooden bridge hidden among the bushes. Together, they worked to repair the bridge so they could cross the river.

The second challenge was climbing a steep cliff. Max, who was the strongest of them all, led the way while Emma and Sara helped pull up Leo, who was afraid of heights. It was difficult and strenuous, but together they managed to reach the top and sighed in relief when they saw that the other side of the cliff was an open field.

When they reached the open field, they saw an old, overgrown building marked with a large X on the map. It was an old lighthouse that seemed to have stood there for hundreds of years. With their hearts pounding with excitement, they entered the lighthouse and began searching for the treasure.

Inside the lighthouse, they found a spiral staircase leading up to a room at the top of the tower. There, they found a large, old chest covered in cobwebs and dust. Leo, with excitement in his voice, said, "This must be the treasure! Open it!"

They pulled at the chest's lock and opened it carefully. To their surprise, the chest was filled with old coins, jewelry, and gold bars – but there was also something else inside that they hadn't expected: a large, old book with a leather cover. Emma gently picked up the book and flipped through the pages. The book was full of stories about pirates, maps, and treasures, but the most important part was a handwritten note at the end of the book.

Sara read the note aloud: "Dear finder of this treasure, I hope you have had an adventurous journey. Remember that the greatest treasure is not what you find in a chest, but the friendship and cooperation you build with your friends along the way. Share the treasure with those you love and always remember to be kind to one another. – Captain Eriksson"

The friends were touched by the message. They realized that the treasure was not just the old coins and jewelry, but also the memories and experiences they had gained by working together and overcoming challenges. Instead of keeping everything for themselves, they decided to share the treasure with the village children and give them the chance to experience the joy they had felt during their treasure hunt.

When they returned to the village, they organized a party and invited everyone. They told their adventure stories and distributed the old coins and jewelry as souvenirs. The village children were thrilled to be a part of the adventure and also learned the importance of working together and sharing.

After the party, the four friends sat together and reflected on their adventure. "It was really a fantastic journey," said Max. "I'm so glad we did this together."

"Yes," agreed Emma. "And I'm glad we learned so much about friendship and cooperation. It's something we'll always remember."

And so, as the sunset painted the sky in orange and pink, Emma, Leo, Sara, and Max knew they had done something special. Their treasure hunt had not only given them old treasures but also taught them a valuable lesson about what really matters in life.

Det förtrollade slottet

Det var en solig dag när den nyfikna lilla flickan Elin bestämde sig för att utforska den gamla skogen som låg vid kanten av hennes by. Hon hade hört många historier om den mystiska skogen, men ingen hade någonsin berättat om det som verkligen fanns där. Med ett modigt hjärta och en liten ryggsäck full med snacks och en ficklampa gav sig Elin av på sitt äventyr.

Efter att ha vandrat ett tag genom den täta, gröna skogen, stötte Elin på en gammal, övervuxen stig som hon aldrig hade sett förut. Nyfikenheten drev henne framåt, och efter en stund såg hon en stor, gammal port gömd bland klättrande murgröna och sly. Porten var täckt av rustna järnspikar och verkade för länge sedan ha glömts av tiden.

Elin, som var både förvånad och uppspelt, tog ett djupt andetag och öppnade porten. Den knarrade högt när den gled upp, och Elin klev in i en underlig, förtrollad värld. Framför henne låg ett storslaget slott som verkade vara hämtat ur en sagobok. Slottet var omgivet av en vacker trädgård med glittrande sjöar och prunkande blommor.

Men när Elin närmade sig slottet, märkte hon att något var fel. Slottet verkade vara i dåligt skick; de stora, utsmyckade portarna var halvt stängda, och det var tyst på en märklig sätt, som om all liv hade frusit till stillhet.

Elin gick försiktigt fram till portarna och knackade på dem. Till hennes förvåning öppnades de sakta och avslöjade en stor hall fylld med damm och spindelväv. I hallen stod en gammal kvinna med ett långt grått hår och en klädsel som såg ut som om den kom från en annan tid.

"Välkommen, kära barn," sade den gamla kvinnan med en vänlig röst. "Jag är drottning Isabell, och detta är det förtrollade slottet. Tyvärr är vi alla här under en magisk förbannelse."

Elin blev förvånad och frågade, "En förbannelse? Vad har hänt här?"

Drottning Isabell förklarade att slottet en gång hade varit ett glatt och livligt ställe där alla invånare levde i harmoni. Men en ond trollkarl hade kastat en förbannelse över slottet och dess folk, vilket gjorde att tiden stod stilla och att alla blev fast i en magisk sömn. Endast en person med ett modigt hjärta och ett klarsynt sinne kunde bryta förbannelsen och återställa fred och glädje till slottet.

"Om du är villig att hjälpa oss," sade drottning Isabell, "måste du lösa tre gåtor som trollkarlen har lämnat kvar som ett test. Dessa gåtor kommer att leda dig till det som behövs för att bryta förbannelsen."

Elin var fast besluten att hjälpa drottningen och slottets folk. Drottning Isabell gav henne en gammal pergamentrulle med de tre gåtorna skrivna på den. Elin tog rullen och började sin sökning.

Den första gåtan var:

"Jag är inte levande, men jag kan växa; jag har inga lungor, men jag behöver luft; jag har inget huvud, men jag behöver en andning för att överleva. Vad är jag?"

Elin tänkte efter och insåg att svaret var "eld". Hon letade runt i slottets kök och fann en gammal, slocknad brasa i en stor spis. Elin tände elden igen, och plötsligt fylldes rummet med värme och ljus. Hon kände att en del av förbannelsen hade lättat.

Nästa gåta var:

"Jag är rund och full av små bollar, jag glittrar och skimrar när jag är fylld med vatten. Jag kan vara liten eller stor, men jag alltid ger dig en glimt av något som finns långt borta. Vad är jag?"

Elin tänkte på gåtan och kom på att svaret var "en spegel". Hon gick runt i slottet och hittade en gammal, dammig spegel som hade gömts i ett hörn av ett rum. När hon polerade spegeln började den glänsa, och en magisk aura fyllde rummet. Elin kände att hon var på rätt väg.

Den tredje och sista gåtan var:

"Jag är varken levande eller död; jag är inte stilla eller rörlig. Jag kan se på dig, men du kan inte se mig. Jag är alltid nära, men aldrig synlig. Vad är jag?"

Elin funderade länge över denna gåta och kom till slut fram till svaret: "skugga". Hon insåg att den största skuggan i slottet kom från ett stort, gammalt träd i trädgården. När hon gick ut och ställde sig under trädet, såg hon att det fanns en gammal nyckel som hade blivit dold bland rötterna. Elin plockade upp nyckeln och bar den tillbaka till slottet.

Med nyckeln i handen gick Elin tillbaka till drottning Isabell. Drottningen förklarade att nyckeln skulle öppna en hemlig kammare där det fanns en magisk kruka som behövde fyllas med den speciella vätskan som skulle bryta förbannelsen. Elin öppnade den hemliga kammaren och fann krukan, som var tom. Men i rummet fanns också en gammal bok med instruktioner om hur man kunde fylla krukan med en speciell dryck gjord av blommor och örter som växte i trädgården.

Elin började samla de nödvändiga blommorna och örterna, och med hjälp av instruktionerna lyckades hon blanda den magiska drycken. När krukan var full, bar hon den tillbaka till drottning Isabell.

Drottningen tog krukan och hällde dess innehåll på en gammal, magisk runsten som låg mitt i slottets stora hall. När drycken kom i kontakt med stenen började hela slottet att lysa upp med ett fantastiskt ljus. Elin kände hur en varm, mjuk energi fyllde luften, och snart började slottets invånare vakna upp från sin magiska sömn.

De gamla slottets invånare tackade Elin med glädje och överraskning. Slottet började återigen fyllas med liv och skratt, och alla kände sig glada och lättade över att vara fria från förbannelsen. Drottning Isabell tackade Elin djupt och gav henne en vacker, magisk medaljong som ett tecken på tacksamhet.

"Du har gjort en fantastisk insats," sade drottning Isabell. "Tack vare ditt mod och din list har vi återfått vår frihet och vårt glädje."

Elin kände sig stolt och glad över att ha hjälpt till att bryta förbannelsen. Hon visste att detta äventyr var något hon alltid skulle komma att minnas. När det var dags att säga farväl, lovade drottning Isabell att slottet alltid skulle vara öppet för Elin och hennes vänner.

Elin gick tillbaka genom den gamla porten och ut ur skogen, med medaljongen som ett vackert minne av hennes fantastiska äventyr. Hon kände sig glad och nöjd över att ha fått vara en del av något så magiskt och betydelsefullt.

Och så, medan stjärnorna började tändas på himlen och natten föll över skogen, visste Elin att hon hade gjort något helt speciellt. Hon hade inte bara hjälpt till att bryta en förbannelse, utan också lärt sig att mod och vänskap kan övervinna även de mest magiska hinder.

The Enchanted Castle

On a sunny day, curious little girl Elin decided to explore the old forest at the edge of her village. She had heard many stories about the mysterious forest, but no one had ever told her what was truly there. With a brave heart and a small backpack full of snacks and a flashlight, Elin set out on her adventure.

After wandering for a while through the dense, green forest, Elin came across an old, overgrown path she had never seen before. Her curiosity drove her forward, and soon she saw a large, old gate hidden among climbing ivy and underbrush. The gate was covered in rusty iron spikes and seemed to have been forgotten by time long ago.

Elin, both surprised and excited, took a deep breath and opened the gate. It creaked loudly as it slid open, and Elin stepped into a strange, enchanted world. In front of her lay a magnificent castle that seemed to have come straight out of a storybook. The castle was surrounded by a beautiful garden with sparkling lakes and blooming flowers.

But as Elin approached the castle, she noticed something was wrong. The castle seemed to be in poor condition; the grand, ornate doors were half-closed, and it was eerily silent, as if all life had frozen in stillness.

Elin cautiously walked up to the doors and knocked on them. To her surprise, they slowly opened, revealing a large hall filled with dust and cobwebs. In the hall stood an old woman with long gray hair and attire that looked as if it came from another era.

"Welcome, dear child," said the old woman with a kind voice. "I am Queen Isabell, and this is the enchanted castle. Unfortunately, we are all here under a magical spell."

Elin was astonished and asked, "A spell? What happened here?"

Queen Isabell explained that the castle had once been a lively and happy place where everyone lived in harmony. But an evil sorcerer had cast a spell over the castle and its people, causing time to stand still and everyone to fall into a magical sleep. Only someone with a brave heart and a clear mind could break the spell and restore peace and joy to the castle.

"If you are willing to help us," said Queen Isabell, "you must solve three riddles left by the sorcerer as a test. These riddles will lead you to what is needed to break the spell."

Elin was determined to help the queen and the castle's people. Queen Isabell gave her an old parchment with the three riddles written on it. Elin took the scroll and began her quest.

The first riddle was:

"I am not alive, but I can grow; I have no lungs, but I need air; I have no head, but I need a breath to survive. What am I?"

Elin thought about it and realized the answer was "fire". She searched the castle's kitchen and found an old, extinguished fire in a large hearth. Elin rekindled the fire, and suddenly the room was filled with warmth and light. She felt that a part of the spell had lifted.

The next riddle was:

"I am round and full of small balls, I glitter and shimmer when I am filled with water. I can be small or large, but I always give you a glimpse of something far away. What am I?"

Elin thought about the riddle and figured the answer was "a mirror". She went around the castle and found an old, dusty mirror hidden in a corner of a room. As she polished the mirror, it began to shine, and a magical aura filled the room. Elin felt she was on the right track.

The third and final riddle was:

"I am neither alive nor dead; I am neither still nor moving. I can look at you, but you cannot see me. I am always close but never visible. What am I?"

Elin pondered this riddle for a long time and eventually came to the answer: "shadow". She realized that the largest shadow in the castle came from a large, old tree in the garden. When she went outside and stood under the tree, she saw an old key hidden among the roots. Elin picked up the key and carried it back to the castle.

With the key in hand, Elin returned to Queen Isabell. The queen explained that the key would open a secret chamber where there was a magical pot that needed to be filled with a special liquid to break the spell. Elin opened the secret chamber and found the pot, which was empty. But in the room, there was also an old book with instructions on how to fill the pot with a special drink made from flowers and herbs growing in the garden.

Elin began collecting the necessary flowers and herbs, and with the help of the instructions, she managed to mix the magical drink. When the pot was full, she carried it back to Queen Isabell.

The queen took the pot and poured its contents over an old, magical runestone in the middle of the castle's grand hall. When the liquid touched the stone, the entire castle began to glow with a fantastic light. Elin felt a warm, gentle energy fill the air, and soon the castle's inhabitants began to wake from their magical sleep.

The old castle's inhabitants thanked Elin with joy and surprise. The castle began to come alive again with laughter and cheer, and everyone felt happy and relieved to be free from the spell. Queen Isabell thanked Elin deeply and gave her a beautiful, magical medallion as a token of gratitude.

"You have done a marvelous job," said Queen Isabell. "Thanks to your bravery and wisdom, we have regained our freedom and joy."

Elin felt proud and happy to have helped break the spell. She knew that this adventure was something she would always remember. When it was time to say goodbye, Queen Isabell promised that the castle would always be open to Elin and her friends.

Elin walked back through the old gate and out of the forest, with the medallion as a beautiful memory of her amazing adventure. She felt happy and satisfied to have been part of something so magical and meaningful.

And so, as the stars began to twinkle in the sky and night fell over the forest, Elin knew she had done something truly special. She had not only helped break a spell but also learned that courage and friendship could overcome even the most magical obstacles.

Den dansande björnen

I en frodig och grönskande skog, där solen strålade genom trädens täta lövverk, bodde en ung björn vid namn Benny. Benny var inte som de flesta andra björnar i skogen. Till skillnad från sina vänner, som mestadels ägnade sig åt att fiska och samla bär, hade Benny en stor passion för dans.

Varje dag, när skogen var lugn och stilla, övade Benny sina danssteg. Han snurrade och hoppade mellan de stora träden, och hans rörelser var lika smidiga som en älva. Benny drömde om att en dag få framföra sin dans på en riktig scen, så att alla i skogen kunde se hans talang.

En dag, när Benny dansade som vanligt, hörde han ett oväntat ljud. Det var en grupp djur som pratade upprört vid skogens kant. Benny gick fram till dem och frågade vad som var fel. Det visade sig att en stor fest skulle hållas i skogen, och djuren hade byggt en scen för att ha en uppvisning. Benny blev överlycklig och tänkte att det var den perfekta chansen för honom att visa upp sina danskunskaper.

Tyvärr blev Benny snabbt besviken när han hörde att alla som skulle uppträda var redan valda. Benny kände sig ledsen och osäker, men han gav inte upp. Han bestämde sig för att gå till festen ändå och försöka prata med arrangörerna. När Benny kom fram till scenen, såg han en stor björn, som hette Brutus, som var ansvarig för festens uppträdanden.

Benny samlade sitt mod och närmade sig Brutus. "Hej, Brutus," började Benny nervöst. "Jag heter Benny och jag älskar att dansa. Jag skulle verkligen vilja få en chans att uppträda på scenen. Kan jag få vara med?"

Brutus såg på Benny med ett vänligt leende. "Jag förstår din entusiasm, Benny, men vi har redan ett fullspäckat schema. Det är svårt att hitta plats för fler uppträdanden."

Benny blev ledsen men bad vänligt, "Snälla, ge mig en chans. Jag har tränat länge och jag lovar att jag inte kommer att göra er besvikna."

Brutus funderade en stund och sa sedan, "Okej, Benny. Om du verkligen vill ha en chans, måste du visa mig vad du kan. Jag kommer att ge dig en möjlighet att göra ett litet provuppträdande."

Benny blev glad och började genast förbereda sig. Han övade sina bästa danssteg och förberedde en liten koreografi. När provuppträdandet började, satte Benny igång med sin dans. Han snurrade och hoppade med en sådan elegans och energi att alla djur som såg på blev förbluffade. Brutus såg imponerad ut och klappade händerna när Benny avslutade sin uppvisning.

"Du är verkligen duktig, Benny," sa Brutus. "Du har övertygat mig. Jag ska ge dig en chans att uppträda under festen. Vi kanske kan göra plats för ett extra nummer."

Benny var överlycklig och tackade Brutus. Han visste att han hade fått sin chans och var fast besluten att göra sitt bästa.

Dagarna innan festen var hektiska för Benny. Han övade varje dag och arbetade hårt för att göra sin dans perfekt. Han blev vän med några av de andra djuren som skulle uppträda, och de hjälpte honom med kostymer och rekvisita. Benny kände sig mer självsäker med deras stöd och vänskap.

På den stora festdagen var hela skogen fylld med förväntan och glädje. En stor scen hade byggts upp och var dekorerad med färgglada blommor och ljus. Djur från hela skogen hade samlats för att njuta av föreställningen. Benny var nervös men också upphetsad. Han hade inte varit på en sådan här scen tidigare och visste att det var hans chans att verkligen glänsa.

När Benny's tur kom, kände han hur hans hjärta bultade av nervositet, men han tog ett djupt andetag och gick ut på scenen. Han såg ut över publiken och såg de vänliga ansiktena hos sina nya vänner och alla de djur som han hade träffat under sin tid i skogen. Han kände sig plötsligt lugn och fylld med förtroende.

Musiken började spela, och Benny började sin dans. Han rörde sig graciöst och elegant, snurrade och hoppade i perfekt synk med musiken. Publiken blev trollbunden av hans prestation och klappade i takt med musiken. Benny kände hur hans själ fylldes med glädje och han gav allt han hade.

När han avslutade sin dans med ett stort hopp och en elegant piruett, bröt publiken ut i ett jubel. De klappade och ropade, och Benny kände sig överväldigad av glädje. Han såg på Brutus, som stod vid sidan av scenen och log stolt. Benny visste att han hade gjort ett bra jobb och att hans dröm hade blivit verklighet.

Efter föreställningen kom djuren fram för att gratulera Benny. De sade att hans dans hade varit den mest fantastiska del av festen. Benny var överlycklig och tacksam för all kärlek och stöd han hade fått.

Brutus kom fram till Benny och sade, "Du var fantastisk på scenen, Benny. Jag visste att du hade talang, men du överträffade alla förväntningar. Tack för att du gjorde vår fest så speciell."

Benny tackade Brutus och alla sina vänner. Han kände sig stolt över vad han hade åstadkommit och glad över att ha fått en chans att visa sin passion för dans. Han hade lärt sig att med beslutsamhet och hjälp från vänner kunde man uppnå sina drömmar.

När festen var över och skogen började återgå till sin vanliga ro, såg Benny på den vackra scenen och kände sig nöjd. Han visste att han hade gjort något speciellt och att hans dans hade skapat glädje för alla i skogen.

Och varje gång han dansade under stjärnorna, påminde han sig själv om att ingen dröm är för stor när man har modet att följa sitt hjärta och vänner som stöttar en.

The Dancing Bear

In a lush and green forest, where the sun shone through the dense canopy of trees, lived a young bear named Benny. Benny was not like most other bears in the forest. Unlike his friends, who mostly spent their time fishing and foraging for berries, Benny had a great passion for dancing.

Every day, when the forest was quiet and still, Benny practiced his dance steps. He twirled and leaped between the tall trees, and his movements were as graceful as a fairy's. Benny dreamed of one day performing on a real stage so that everyone in the forest could see his talent.

One day, while Benny was dancing as usual, he heard an unexpected sound. A group of animals were talking excitedly at the edge of the forest. Benny went over to them and asked what was wrong. It turned out that a grand party was going to be held in the forest, and the animals had built a stage for a performance. Benny was thrilled and thought this was the perfect opportunity to showcase his dance skills.

Unfortunately, Benny was soon disappointed when he learned that all the performers had already been chosen. Benny felt sad and uncertain, but he didn't give up. He decided to attend the party anyway and try to speak to the organizers. When Benny arrived at the stage, he saw a large bear named Brutus, who was in charge of the event.

Benny gathered his courage and approached Brutus. "Hello, Brutus," Benny began nervously. "My name is Benny, and I love to dance. I would really like a chance to perform on stage. Could I be included?"

Brutus looked at Benny with a friendly smile. "I understand your enthusiasm, Benny, but we already have a full schedule. It's difficult to find space for more performances."

Benny felt disheartened but politely asked, "Please, give me a chance. I have been practicing for a long time, and I promise I won't disappoint you."

Brutus thought for a moment and then said, "Alright, Benny. If you really want a chance, you'll need to show me what you can do. I'll give you an opportunity to do a small audition."

Benny was thrilled and immediately started preparing. He practiced his best dance steps and choreographed a short routine. When the audition began, Benny performed his dance. He spun and leaped with such elegance and energy that all the animals watching were amazed. Brutus looked impressed and clapped his hands as Benny finished his performance.

"You are truly talented, Benny," Brutus said. "You've convinced me. I'll give you a chance to perform during the party. We might be able to make room for an extra number."

Benny was overjoyed and thanked Brutus. He knew he had been given his chance and was determined to give his best.

The days leading up to the party were hectic for Benny. He practiced every day and worked hard to perfect his dance. He made friends with some of the other animals who were performing, and they helped him with costumes and props. Benny felt more confident with their support and friendship.

On the big party day, the entire forest was filled with anticipation and joy. A grand stage had been built and decorated with colorful flowers and lights. Animals from all over the forest had gathered to enjoy the show. Benny was nervous but also excited. He had never been on such a stage before and knew it was his chance to truly shine.

When Benny's turn came, he felt his heart pounding with nervousness, but he took a deep breath and walked out onto the stage. He looked out at the audience and saw the friendly faces of his new friends and all the animals he had met during his time in the forest. He suddenly felt calm and filled with confidence.

The music began to play, and Benny started his dance. He moved gracefully and elegantly, spinning and leaping perfectly in sync with the music. The audience was spellbound by his performance and clapped along with the music. Benny felt his spirit filled with joy, and he gave it his all.

When he ended his dance with a grand leap and an elegant pirouette, the audience erupted into cheers. They clapped and cheered, and Benny felt overwhelmed with happiness. He looked at Brutus, who stood at the side of the stage with a proud smile. Benny knew he had done a good job and that his dream had come true.

After the performance, the animals came up to congratulate Benny. They said that his dance had been the highlight of the party. Benny was thrilled and grateful for all the love and support he had received.

Brutus came up to Benny and said, "You were fantastic on stage, Benny. I knew you had talent, but you exceeded all expectations. Thank you for making our party so special."

Benny thanked Brutus and all his friends. He felt proud of what he had accomplished and happy to have had the chance to showcase his passion for dance. He had learned that with determination and help from friends, dreams could come true.

As the party ended and the forest began to return to its usual calm, Benny looked at the beautiful stage and felt satisfied. He knew he had done something special and that his dance had brought joy to everyone in the forest.

And every time he danced under the stars, he reminded himself that no dream is too big when you have the courage to follow your heart and friends who support you.

Den försvunna enhörningen

I den magiska Skogen av Drömmar, där träden var klädda i glittrande blad och blommorna sjöng för vinden, levde en vacker och vänlig enhörning vid namn Luna. Luna hade en glittrande horn som lyste som en stjärna och en päls som skiftade färg i solens ljus. Hon var älskad av alla de magiska varelserna i skogen för sin vänlighet och godhet.

En dag, när morgonsolen just hade börjat värma upp skogen, upptäckte de andra djuren att Luna var försvunnen. Alla var förskräckta. Hennes vänliga närvaro saknades, och skogen kändes plötsligt dyster utan henne. Djurens oro spred sig snabbt, och snart samlades de för att diskutera vad som kunde ha hänt.

Bland de oroliga djuren fanns en ung och modig ekorre vid namn Axel. Axel hade alltid sett upp till Luna och beundrat hennes vänlighet och styrka. När han hörde att Luna var borta, kände han en stark vilja att hjälpa till. Han bestämde sig för att ge sig ut på ett äventyr för att hitta Luna och bringa henne tillbaka till skogen.

Axel packade en liten ryggsäck med några nödvändigheter och satte av mot den del av skogen som Luna oftast besökte. Han visste att Luna hade en förmåga att lockas av magiska platser och ville börja där. Skogen var stor och fylld med mystiska och ibland skrämmande platser, men Axel var beslutsam och redo att möta alla utmaningar.

När Axel kom till den första magiska platsen, den Glittrande Sjön, blev han förvånad över den fantastiska skönheten. Vattnet glittrade som diamanter, och det fanns en mjuk melodi som verkade komma från sjöns djup. Axel hoppades att Luna kanske hade varit här, så han började undersöka området. Han talade med sjöjungfrur som bodde vid sjön, men ingen av dem hade sett Luna. De var vänliga och önskade Axel lycka till på hans sökande.

Axel fortsatte sin resa och kom snart till det Stora Kristallberget. Berget var täckt av glänsande kristaller som reflekterade ljuset på ett magiskt sätt. Axel klättrade upp på berget och letade noggrant bland kristallerna. Han stötte på en gammal, vis uggla som bodde där och frågade om den hade sett Luna. Den visa ugglan hade inte sett någon enhörning, men den gav Axel ett råd: "För att hitta vad du söker, följ ditt hjärta och var inte rädd för det okända."

Axel tackade ugglan och fortsatte sin resa med nytt mod. Han visste att det kunde finnas fler platser att utforska, och han var fast besluten att inte ge upp. Hans hjärta ledde honom vidare till den Mystiska Dalen, en plats som var känd för sina mystiska dimmor och för att vara hem för många fantastiska varelser.

När Axel kom till dalen, var det som att gå in i en annan värld. Dimman låg tjock och gömde marken, och det var svårt att se långt. Axel tog ett djupt andetag och började gå framåt. Han blev snart kontaktad av en vänlig skogsalv som var i dalen för att hjälpa de vilsekomna. Skogsalven erbjöd sig att hjälpa Axel och tillsammans letade de efter tecken på Luna.

Efter en stunds letande, hittade de en liten ledtråd – en glänsande bit av Luna's päls fastnat i en buske. Axel blev uppmuntrad av denna ledtråd och följde den med hjälp av skogsalven. Det ledde dem till en vacker, men avlägsen glänta där det fanns en gammal, glittrande springbrunn. Axel kände en stark känsla av att detta var en plats där Luna kunde ha varit.

Axel och skogsalven närmade sig springbrunnen och såg en gammal, grönskande bok vid dess kant. Boken var täckt av ett tjockt lager av mossa och såg gammal ut, men när Axel öppnade den såg han att det var en dagbok fylld med teckningar och anteckningar. Bland sidorna fanns en illustration av Luna och en beskrivning av en plats som kallades "Himmelska Ängen", en plats i utkanten av skogen som var känd för att vara en plats för magiska varelser.

Axel tackade skogsalven för hjälpen och bestämde sig för att fortsätta till Himmelska Ängen. Resan dit var lång och fylld med utmaningar, men Axel var beslutsam. Han klättrade över berg, gick genom tät skog och korsade små bäckar tills han till slut nådde Himmelska Ängen.

Ängen var en plats av ren magi. Den var fylld med vackra blommor som glittrade som stjärnor och en mjuk, ljus dimma som svävade över marken. Axel kände en stark närvaro av något speciellt och visste att han var nära. När han vandrade genom ängen, hörde han en mjuk och melodisk röst som sjöng en vacker sång. Axel följde rösten och såg snart Luna stå vid kanten av en glittrande sjö i ängen.

Luna såg ut att vara i en drömmande tillstånd, men när hon såg Axel blev hon överraskad och glad. "Axel! Du har kommit för att hitta mig!" utbrast Luna.

Axel sprang fram till Luna och kramade om henne. "Jag var så orolig för dig, Luna! Alla i skogen saknar dig. Vi behöver dig tillbaka."

Luna förklarade att hon hade kommit till Himmelska Ängen för att vila och återhämta sig efter att ha blivit trött av all den kärlek och uppmärksamhet hon fick. Hon hade blivit förlorad när hon blev för försjunken i sin egen magiska värld. "Jag har varit så förlorad i min egen dröm att jag tappade bort mig själv," sade Luna. "Men jag är glad att du kom och hittade mig."

Axel och Luna började gå tillbaka mot skogen tillsammans. Under deras resa tillbaka pratade de om alla de äventyr och lärdomar de hade fått under tiden de var borta. Axel berättade för Luna om de vänliga djuren och magiska platserna han hade besökt, och Luna delade med sig av sina egna erfarenheter och insikter.

När de kom tillbaka till Skogen av Drömmar, möttes de av ett stort välkomnande från alla djur. Alla var glada att se Luna tillbaka och tackade Axel för hans mod och beslutsamhet. Skogen fylldes återigen med glädje och skratt när Luna återvände till sin plats som den vänliga och glittrande enhörningen som alla älskade.

Luna lärde sig att ibland behövs det tid för att förstå sig själv och att det är viktigt att vara öppen för hjälp från vänner. Axel lärde sig att mod och beslutsamhet kan leda till fantastiska resultat och att vänskap och empati är av största vikt. Deras äventyr hade inte bara fört dem närmare varandra, utan också gjort dem starkare och visare.

Och så fortsatte livet i Skogen av Drömmar, där varje dag var ett nytt äventyr och där vänskap och kärlek var de mest magiska av alla skatter.

The Lost Unicorn

In the magical Forest of Dreams, where the trees were adorned with sparkling leaves and the flowers sang to the wind, lived a beautiful and kind unicorn named Luna. Luna had a shimmering horn that shone like a star and a coat that changed color in the sunlight. She was loved by all the magical creatures in the forest for her kindness and goodness.

One day, when the morning sun had just begun to warm the forest, the other animals discovered that Luna was missing. Everyone was distressed. Her kind presence was missed, and the forest suddenly felt gloomy without her. The animals' worry spread quickly, and soon they gathered to discuss what might have happened.

Among the worried animals was a brave young squirrel named Axel. Axel had always looked up to Luna and admired her kindness and strength. When he heard that Luna was gone, he felt a strong urge to help. He decided to set out on an adventure to find Luna and bring her back to the forest.

Axel packed a small backpack with some essentials and set off towards the part of the forest that Luna often visited. He knew that Luna was drawn to magical places and wanted to start there. The forest was vast and filled with mystical and sometimes frightening places, but Axel was determined and ready to face any challenge.

When Axel arrived at the first magical place, the Sparkling Lake, he was amazed by its stunning beauty. The water sparkled like diamonds, and there was a soft melody that seemed to come from the depths of the lake. Axel hoped that Luna might have been here, so he began to explore the area. He spoke with mermaids who lived by the lake, but none of them had seen Luna. They were kind and wished Axel luck in his search.

Axel continued his journey and soon reached the Great Crystal Mountain. The mountain was covered in sparkling crystals that reflected the light in a magical way. Axel climbed the mountain and searched carefully among the crystals. He encountered an old, wise owl who lived there and asked if it had seen Luna. The wise owl had not seen any unicorn, but it gave Axel a piece of advice: "To find what you seek, follow your heart and do not be afraid of the unknown."

Axel thanked the owl and continued his journey with renewed courage. He knew that there could be more places to explore, and he was determined not to give up. His heart led him further to the Mysterious Valley, a place known for its mysterious mists and for being home to many fantastic creatures.

When Axel arrived at the valley, it was like stepping into another world. The mist was thick and concealed the ground, making it difficult to see far. Axel took a deep breath and started walking forward. He was soon approached by a friendly forest fairy who was in the valley to help the lost. The forest fairy offered to help Axel, and together they searched for signs of Luna.

After a while of searching, they found a small clue—a shimmering piece of Luna's coat caught in a bush. Axel was encouraged by this clue and followed it with the help of the forest fairy. It led them to a beautiful, but remote glade where there was an old, sparkling well. Axel felt a strong sense that this was a place Luna might have been.

Axel and the forest fairy approached the well and saw an old, moss-covered book beside it. The book was covered with a thick layer of moss and looked ancient, but when Axel opened it, he saw it was a diary filled with drawings and notes. Among the pages was an illustration of Luna and a description of a place called the "Heavenly Meadow," a place on the edge of the forest known to be a spot for magical creatures.

Axel thanked the forest fairy for the help and decided to continue to the Heavenly Meadow. The journey there was long and filled with challenges, but Axel was determined. He climbed over mountains, walked through dense forests, and crossed small streams until he finally reached the Heavenly Meadow.

The meadow was a place of pure magic. It was filled with beautiful flowers that sparkled like stars and a soft, glowing mist that floated above the ground. Axel felt a strong presence of something special and knew he was close. As he walked through the meadow, he heard a soft and melodic voice singing a beautiful song. Axel followed the voice and soon saw Luna standing by the edge of a shimmering lake in the meadow.

Luna looked like she was in a dreamy state, but when she saw Axel, she was surprised and happy. "Axel! You came to find me!" exclaimed Luna.

Axel ran up to Luna and hugged her. "I was so worried about you, Luna! Everyone in the forest misses you. We need you back."

Luna explained that she had come to the Heavenly Meadow to rest and recover after becoming tired from all the love and attention she received. She had become lost when she became too absorbed in her own magical world. "I have been so lost in my own dream that I lost myself," said Luna. "But I am glad you came and found me."

Axel and Luna began their journey back to the forest together. During their journey back, they talked about all the adventures and lessons they had learned along the way. Axel told Luna about the friendly animals and magical places he had visited, and Luna shared her own experiences and insights.

When they returned to the Forest of Dreams, they were greeted with a grand welcome from all the animals. Everyone was delighted to see Luna back and thanked Axel for his bravery and determination. The forest was filled with joy and laughter once again as Luna returned to her place as the kind and sparkling unicorn everyone loved.

Luna learned that sometimes it takes time to understand oneself and that it is important to be open to help from friends. Axel learned that courage and determination can lead to fantastic results and that friendship and empathy are of utmost importance. Their adventure had not only brought them closer together but had also made them stronger and wiser.

And so life continued in the Forest of Dreams, where every day was a new adventure and where friendship and love were the most magical of all treasures.

www.ingramcontent.com/pod-product-compliance
Lightning Source LLC
Chambersburg PA
CBHW052232150726
48002CB00003B/1388